La cla

MW00929094

"La clase de español"

Novel by

A.C.Quintero

Cover & Chapter Art by

Carlos Quintero

J. Fierro

ISBN-13: 978-1540800695

Agradecimientos

Quisiera agradecerles a todos los que han formado parte de este gran proyecto.

Agradezco a mi esposo Carlos, por ayudarme a refinar y confirmar mis ideas. Agradezco a mis estudiantes y a todos los profesores que escogieron esta novela como parte de su curso.

También, agradezco a Cheri y a Bryce Hedstrom por su acogimiento tan cálido. Esta novela no habría sido posible sin la colaboración, las palabras alentadoras y perspectivas distintas de las personas mencionadas.

La clase de confesiones

Primera parte
Contenido

Capítulo 1
La clase de español

Es martes. Son las diez y media de la mañana y Carlos está feliz. Él está feliz porque es su día favorito y es su hora favorita. Él está feliz porque va a su clase favorita: la clase de español. La clase de español es su clase favorita, pero no por las **razones** normales.[1] Por ejemplo, a Carlos no le gusta leer, escribir ni buscar palabras en el diccionario. Pero, para ser un buen estudiante en la clase de español, los estudiantes tienen que escribir, leer y

---

[1] ordinary reasons

buscar palabras en el diccionario. Carlos no escribe, no lee mucho ni busca palabras en el diccionario. Tampoco prepara la tarea.

Otro dato interesante de la clase de español, es que a él no le gusta el profesor Martín; **no lo puede ver ni en pintura.**[2] No le gusta el estilo del profesor porque el profesor habla, habla y habla.

El profesor Martín **fue**[3] el profesor de sus dos hermanos. Él era un profesor aburrido en **aquella época,**[4] y es un profesor aburrido ahora.

---

[2] he can't stand the sight of him

[3] was

[4] back in those times

Cuando el profesor Martín llega a la clase, él siempre les dice a los estudiantes:

–Guarden los móviles, saquen los cuadernos y escriban las notas que están en el pizarrón.

Los estudiantes hacen esto todos los días. Por eso, la clase de español es muy aburrida. El profesor enseña todo el tiempo y los estudiantes escuchan.

También los estudiantes escriben lo que dice el profesor en sus cuadernos y leen los fragmentos de literatura. Cuando los estudiantes no comprenden un fragmento de literatura, quieren hablar sobre el fragmento con los otros estudiantes. Pero, el profesor Martín no quiere escuchar a los estudiantes. Él les dice:

–Ustedes no pueden hablar. **Deben**[5] leer. Leer es mejor que hablar. No me gusta esta generación. Esta generación tiene que hablar de todo.

---

[5] you all should; must

Aunque[6] la clase es aburrida y a
Carlos no le gusta el profesor; es su clase
favorita. A Carlos le gusta la clase de
español por otra razón. Su **razón**[7] tiene un

---

[6] although

[7] his reason

nombre. Su nombre es Jessica: Jota-e-ese-
ese-i-ce-a.

Hoy, **igual**[8] que todos los días,
Carlos llega a la clase primero, y espera a
Jessica. Ella entra a la clase. Carlos está
feliz cuando Jessica entra a la clase. Ella
es su "parte favorita" de la clase de
español. Pero, Jessica nunca habla con
Carlos. ¡Ella no sabe que Carlos existe!

A Carlos no le importa. No le
importa porque le gusta mirar a Jessica. Él
la mira a ella y piensa: «**Te quiero mi
amor**[9]». De repente, Jessica habla con él:

–Hola, te llamas Carlos ¿verdad?
–pregunta Jessica.

---

[8] as well as

[9] I love you, my darling

–Sí, me llamo Carlos.

–Me llamo…

En ese momento, Carlos interrumpe a Jessica y le dice:

–Jessica…Te llamas Jessica.

–Sí, me llamo Jessica. Tienes una buena memoria.

Carlos mira mucho a Jessica.

–Carlos, ¿qué te pasa? ¿En qué piensas? –le pregunta Jessica.

–Pienso en la tarea de español, la novela –**miente**[10]Carlos.

–La novela "**La bella mentira**"[11] es un libro muy interesante –comenta Jessica.

–Sí, es muy interesante.

Carlos quiere decir "Jessica, tú también eres muy interesante" pero, él no le dice nada.

–**Oye**,[12] ¿tienes una pluma? Yo no tengo la mía.

–Sí, tengo una pluma.

---

[10] lies

[11] The Beautiful Lie-book title

[12] hey

Carlos **le da**[13] una pluma rosada a Jessica. Le da una pluma rosada porque él sabe que es su color favorito. Carlos tiene muchas plumas rosadas en su mochila.

–Gracias, ¡el rosado es mi color favorito! –comenta Jessica muy feliz.

–De nada. "Mi pluma es tu pluma"–le dice Carlos con una sonrisa.

Él sabe que el rosado es su color favorito porque él mira la ropa de Jessica todos los días. Por lo general, Jessica lleva unos zapatos rosados y una camiseta rosada. Su móvil es rosado y todos sus cuadernos son rosados.

---

[13] gives to her

El asiento de Carlos está muy cerca de Jessica. Es un **lugar**[14] estratégico porque Carlos puede mirar a Jessica. El profesor piensa que Carlos completa las actividades en la computadora. Pero, Carlos no completa las actividades en la computadora; mira a Jessica y le gusta.

El profesor habla y los estudiantes trabajan, pero Carlos no trabaja en la clase. Él no escribe en la clase y no busca palabras en el diccionario. Él participa en su actividad favorita: mirar a Jessica.

---

[14] place

Capítulo 2
El profesor Martín

Es jueves. Son las diez y media de la mañana y Carlos está muy feliz. Él está feliz porque va a su clase favorita: la clase de español. Jessica, **el amor de su vida,**[15] está en la clase de español.

El profesor entra a la clase y **saluda**[16] a los estudiantes.

En ese momento, Carlos mira a Jessica. Ella saca su cuaderno, una pluma rosada y su móvil. Él piensa que Jessica es

---

[15] the love of his life

[16] greets

muy bonita. Le gusta su **cara.**[17]Le gustan

sus zapatos y su ropa. También, le gustan

sus ojos. Sus ojos son grandes y cafés.

De repente, Carlos ya no puede

mirar a Jessica. **Alguien le está**

bloqueando la vista.[18]

–¡Carlos! –le grita el profesor Martín

–no la mires tanto[19]**.**

El profesor Martín nota que Carlos

está mirando intensamente a Jessica.

–¿Tienes la tarea? –pregunta el profesor.

–No, no la tengo. **¿La puedo traer**

mañana?[20]

---

[17] her face

[18] someone is blocking his view

[19] don't stare so hard

[20] Can I bring it tomorrow?

–Si no miras tanto a Jessica, puedes preparar la tarea –le dice el profesor.

El profesor continúa:

–Además, Yo no acepto la tarea tardía.

–¿Puede usted hacer una excepción? Yo **tuve**[21] práctica de béisbol. ¿Puedo traer la tarea mañana?

–**Más te vale.**[22]

El profesor camina al frente de la clase y habla con los estudiantes:

–Hola estudiantes, guarden los materiales que no son para la clase de español.

El profesor camina y habla con varios estudiantes:

---

[21] I had

[22] You'd better

–Silvia, guarda la calculadora. Tú no necesitas una calculadora para la clase de español. ¿Estamos en la clase de matemáticas? –pregunta el profesor, retóricamente.

–Pero profe, tengo que completar la actividad para la clase de matemáticas. Tenemos un examen de matemáticas –dice Silvia.

–¡No! Tú no tienes que completar la actividad. ¡Tú tienes que escuchar en la clase de español! –**le grita**[23] el profesor Martín.

–Darnell, ¿Estás tomando notas de historia en mi clase? ¿¡Esta es la clase de historia!? –le grita el profesor.

---

[23] yells at her

–No, yo no estoy tomando notas –le responde Darnell. Él tiene **miedo**[24] del profesor Martín porque el profesor conoce a sus padres.

–Guarda el libro de historia –le dice el profesor Martín.

El profesor mira a otra estudiante; es Susana. Ella tiene el móvil. Ella escribe mensajes de texto. Susana no sabe que el profesor Martín puede ver su móvil.

–**Dame**[25] el móvil –le ordena el profesor Martín a Susana.

–Profe, **lo siento**[26]. Yo voy a guardar el móvil. Perdóneme –le dice Susana.

---

[24] is scared

[25] give me

[26] I'm sorry

–Dame el móvil **ahora mismo**[27] o vas a la oficina –le dice el profesor.

Susana está triste porque tiene que darle el móvil al profesor.

El profesor toma el móvil de Susana. Ahora, ella tiene miedo porque el profesor Martín es diferente a los otros profesores. Cuando los estudiantes usan los móviles en las otras clases, los

---

[27] right now

profesores toman los móviles y regresan los móviles a los estudiantes después de la escuela. El profesor Martín es diferente. Él toma los móviles y, ¡lee los mensajes de texto a la clase! En ese momento, el profesor anuncia a la clase:

–Atención estudiantes. Cuando ustedes quieren escribir mensajes de texto en mi clase, el mensaje es información pública. Así que, escuchen todos. Esta es "la confesión" de Susana.

El profesor Martín lee el mensaje de Susana a la clase:

«**Yo odio**[28] esta clase, pero me encanta Rubén. ¡Qué guapo! ¿verdad?».

---

[28] I hate

Rubén mira a Susana y **le tira**[29] un beso y le dice:

–¡Hola guapa!

Toda la clase **se ríe.**[30] Toda la clase **se ríe** porque ahora todos saben que Susana **está loca por Rubén.**[31] Rubén también está muy feliz porque tiene

---

[29] blows her a kiss

[30] laughs

[31] she is in love with; crazy about

interés por Susana…,pero, también tiene interés por Sofía.

Todos los estudiantes guardan los móviles y escuchan al profesor Martín.

Capítulo 3

Una lección diferente

El profesor Martín continúa la lección:

—Hoy, ustedes van a escribir un reporte sobre su clase favorita. Tengo un artículo educativo que dice que los estudiantes deben escribir un reporte sobre un **tema**[32] de interés. Así que hoy, ¡van a escribir un reporte sobre su clase favorita!

En ese momento, Darnell mira a Carlos y le dice:

—¡Qué bueno!— Ahora, me gusta la clase de español. ¡El profesor Martín es el mejor profesor de la escuela!

---

[32] topic

–¡Carlos! ¡Carlos! –grita Darnell.

Carlos no dice nada, porque mira a Jessica. El profesor escucha la conversación entre Carlos y Darnell. Y les dice:

–Chicos, no pueden hablar. Yo quiero explicar la actividad.

Los estudiantes están felices. Están felices porque pueden escribir sobre un tema de interés. Ellos **empiezan**[33] a escribir inmediatamente.

–¿Usted va a **recoger**[34] los reportes? –le pregunta un estudiante al profesor.

---

[33] they start

[34] collect

—No, no voy a recoger los reportes. Pueden escribirlos en su cuaderno de español.

Los estudiantes escriben en sus cuadernos.

De repente, Carlos mira a Jessica. Ella tiene una pluma rosada, su papel, pero ella no escribe nada. Ella está pensando. Entonces, Carlos mira su papel; él tampoco escribe. No sabe qué escribir.

Carlos mira a los otros estudiantes y observa que ellos escriben y escriben muy rápido. Silvia tiene su móvil por debajo del **pupitre.**[35]

Ella escribe mensajes en su móvil. El profesor también ve a Silvia.

---

[35] under her desk

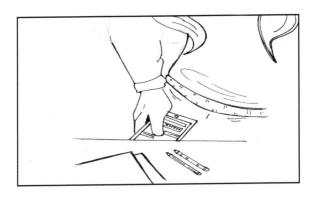

—Silvia, dame tu móvil y escribe –le

ordena el profesor.

—Pero, yo le escribo un mensaje a mi

madre –dice Silvia.

—¿A tu madre? ¿Tu madre es más

importante que la clase de español?

–le pregunta el profesor.

—No…Sí…¡Yo no sé! –exclama Silvia.

—Pues, ahora voy a hablar con tu madre.

El profesor toma el móvil y le

escribe un mensaje a la madre de Silvia:

> **Su hija está en la clase de español. Ella necesita escuchar, escribir y leer. Ella no puede escribirle mensajes de texto a usted. Usted puede visitar la escuela si quiere el móvil.**
> **Profesor Martín**

La clase está en silencio. Los estudiantes escuchan la conversación entre Silvia y el profesor Martín.

El profesor les dice:

−¡Escriban los reportes! Tienen 10 minutos.

Mientras Carlos piensa en su clase favorita, Jessica escribe su reporte.

Ella escribe lo siguiente:

«Me gustan todas mis clases. Pero, me gusta más la clase de arte. Me gusta la clase de arte porque me gusta dibujar y pintar. La profesora de arte siempre tiene muchos materiales como lápices, **pinceles,**[36] pintura, cuadernos y **lienzos.**[37] Me gusta la clase de arte porque es más que arte. Dibujamos, hablamos y participamos mucho. Ahora, aprendemos sobre Picasso y sus tres periodos de arte: el periodo Rosa, Azul y el Cubismo. Me gusta mucho el arte cubista porque tiene muchas formas geométricas.

La profesora, señora Blasco, es muy divertida. Trabajamos con muchos colores diferentes en la clase. Es mi clase favorita. Mi otra clase favorita es la clase de español. Hay un chico que me gusta en

---

[36] paint brushes

[37] canvasses

la clase de español. Yo quiero conocer mejor al chico».

Cuando Carlos ve que Jessica escribe su reporte, él tiene la inspiración que necesita. Él tiene una idea; va a escribir el reporte sobre Jessica. Carlos empieza a escribir su reporte:

«Quiero hablar sobre la clase de español. Es la clase más aburrida de todas mis clases. El profesor es aburrido. Él habla, habla y habla. En la clase no hablamos mucho de la literatura, solamente leemos y escribimos notas.

El profesor Martín es el **peor**[38] profesor de esta escuela. Pero, me gusta estar en la clase. No me gusta el profesor, pero es una de mis clases favoritas. Es mi clase favorita porque puedo ver a Jessica:

---

[38] worst

mi futura **esposa**[39]. Ella es muy especial. Ella es **mi media naranja.**[40] Me gustan sus ojos. Me gusta su pelo. Me gusta su perfume. Es bella e inteligente: «**ella es el sol que ilumina mi día**»[41]

Mientras los estudiantes escriben, la profesora Mallory visita la clase de español. Cuando el profesor Martín, ve a la profesora Mallory, él está muy nervioso. La profesora enseña la clase de química; también ella es muy bonita.

–Hola Felipe, ¿qué tal? –dice la profesora al profesor Martín.

–Hola, estoy bien. ¿Y tú?

---

[39] wife

[40] soulmate

[41] the light that brightens my day

–Estoy bien –dice la profesora–.
Necesito una pluma roja para **calificar**[42]
los reportes. ¿Tienes una pluma roja?

–Sí, tengo dos –responde el profesor
Martín.

El profesor Martín entra a la clase
y regresa con una pluma roja.

–¿Qué hacen los estudiantes? –pregunta
la profesora.

–Ellos tienen que escribir un reporte
sobre su clase favorita.

–¡Qué bueno! Y ¿van a hablar sobre los
reportes en clase? ¡Siempre me gusta
saber a quién le gusta la clase de química!

–Pues, no van a hablar. Ellos escriben y
después guardan todo en sus cuadernos.

---

[42] to grade

–Felipe, a los estudiantes les gusta hablar. A esta generación le gusta hablar. Ellos deben hablar sobre sus reportes con otros estudiantes. Es lo que hacen los profesores populares en la escuela…

–¿Eso piensas? –responde el profesor Martín.

–¡Claro!–dice la profesora.

El profesor Martín quiere invitarla a una **cita**[43], pero está muy nervioso.

–Mallory…,quieres…–la profesora mira su móvil e interrumpe al profesor Martín.

–¡Ay! Tengo que regresar a la clase. **¡Buena suerte**[44] con la actividad!

---

[43] date

[44] good luck

La profesora Mallory corre a su clase. Los estudiantes en la clase de español completan los reportes. Jessica completa su reporte. Carlos completa su reporte. Él mira su reporte y está muy satisfecho. Su reporte es sobre Jessica, el amor de su vida.

Capítulo 4

La recomendación

El profesor Martín piensa en la recomendación de la profesora Mallory. Los estudiantes empiezan a guardar los reportes porque el profesor nunca recoge los reportes. Pero, el profesor tiene otros planes.

–¡**Sorpresa**[45]! –exclama el profesor.

Todos miran al profesor.

El profesor continúa:

–No guarden nada. La profesora Mallory **tuvo**[46] una buena idea. Yo quiero usar la

---

[45] Surprise!

[46] had

idea de la profesora Mallory en la clase de español.

El profesor continúa:

—Ahora, van a intercambiar los reportes con otra persona. **Ya que** [47] les gusta hablar tanto, pues, ¡pueden hablar sobre los reportes!

Carlos mira al profesor con los ojos grandes. Él mira su reporte. Después mira a los estudiantes y después, mira a Jessica.

El profesor les dice a los estudiantes quiénes van a ser sus compañeros:

—Silvia, vas a trabajar con Anne.

—Hola Silvia, me gusta trabajar contigo —dice Anne.

---

[47] since

–Darnell, vas a trabajar con Mari –le dice el profesor.

Darnell está feliz porque a él le gusta Mari.

–Hola Mari –le dice Darnell en una voz romántica. Yo….

Mari interrumpe a Darnell:

–No quiero trabajar contigo. Prefiero trabajar con Rubén.

Carlos escucha los nombres de los grupos y está muy nervioso. Está muy nervioso porque no quiere leer su reporte a otro estudiante. **Él intenta guardar**[48] rápidamente su cuaderno, pero, el profesor lo mira:

–Carlos, vas a trabajar con…

---

[48] tries to put away

El profesor piensa rápidamente:

–¡Jessica! –exclama el profesor,

guiñándole el ojo.[49]

El profesor continúa:

–Carlos, comprendo que tienes interés

por Jessica. Es tu oportunidad: camina y

trabaja con ella.

–Pero, profe…¿Podemos hablar primero?

–dice Carlos, nerviosamente–. No quiero

trabajar con…

El profesor Martín lo interrumpe:

–Carlos, ella es tu **gran amor,**[50]¿verdad?

El profesor continúa:

–Yo te observo en la clase. y…¡Miras

más a Jessica que al pizarrón! Estás

---

[49] winking his eye at him

[50] your major crush; love

enamorado[51] de ella. ¡El amor es tan bonito!

–Sí, pero…

El profesor lo interrumpe otra vez:

–¡Pero nada Carlos! –grita el profesor.

---

[51] in love

Capítulo 5

El reporte

El profesor Martín continúa hablando con Carlos:

—Yo también tengo un gran amor: La profesora Mallory. Ella es bonita, inteligente y graciosa. Cuando camino por la escuela, la miro mucho a ella —comenta el profesor Martín, románticamente.

Carlos no quiere escuchar más comentarios sobre la vida sentimental del profesor Martín.

El profesor continúa:

—Carlos, yo no tengo una oportunidad con la profesora Mallory pero, tú tienes

una oportunidad con Jessica. Tienes que
tomar el toro por los cuernos.[52]

–¿Qué significa «tomar el toro por los
cuernos»?

–Ah, ¿no sabes? No sabes porque, ¡no
escuchas en la clase de español! «*Tomar
el toro por los cuernos*» significa "atacar"
los problemas.

Carlos ya comprende la expresión,
pero todavía tiene mucho miedo. Tiene
miedo porque no quiere trabajar con
Jessica y ¡Jessica va a leer su reporte!
Él va al pupitre de Jessica.

---

[52] take the bull by the horns (idiom)

Cuando la mira a ella, Carlos
quiere escapar de la clase. Él y Jessica
intercambian[53] los reportes sobre su clase
favorita. Carlos tiene mucho miedo
porque **él escribió**[54] sobre ella.

---

[53] exchange

[54] wrote

Carlos lee el reporte de Jessica. De repente, observa un detalle interesante en su reporte; ella escribe sobre la clase de arte, pero también escribe sobre un chico en la clase de español.

Carlos sabe inmediatamente quién es el chico que *ilumina el día de Jessica:* «Es Rubén, yo lo sé», piensa Carlos.

Él piensa que a Jessica le gusta Rubén porque todas las chicas tienen interés por Rubén. A Susana le gusta Rubén. A Mari le gusta Rubén. A Silvia le gusta Rubén. Él es un chico muy popular en la escuela; y es muy guapo.

Jessica lee el reporte de Carlos. Ella lee el reporte lentamente y mira a Carlos un poco. Ella lee un poco más y otra vez lo mira a él. Él está totalmente

avergonzado.[55] Mira el reloj y después,

mira la puerta de la clase, porque él

quiere escapar.

   –**¡Vaya!**[56] –exclama Jessica, al leer el

reporte de Carlos.

   –Jessica,…puedo explicar…–le dice

Carlos cuando interrumpe el profesor.

   –Tenemos cinco minutos y quiero leer

un reporte **delante**[57] de la clase –anuncia

el profesor.

   El profesor mira a todos los

estudiantes. Camina al pupitre de Rubén.

El profesor ve que Rubén tiene un reporte

---

[55] embarrassed

[56] wow!

[57] in front

muy interesante, pero su reporte es muy largo. La clase va a terminar en cinco minutos y el profesor necesita leer un reporte breve. Camina al pupitre de Jessica. Mira a Carlos y le dice en **voz baja:**[58]

–Carlos, te voy a ayudar. Jessica va a notar que tú eres un estudiante excelente, ¡aunque no preparas la tarea! –le dice el profesor.

–¿Qué? –pregunta Carlos, horrorizado.

–Jessica, **dame**[59] el reporte de Carlos. El profesor continúa:

–Voy a leer su reporte a la clase– ordena el profesor.

---

[58] in a whisper

[59] give me

–Profe, no es una buena idea –dice Carlos.

–**Venga**[60], Carlos –responde el profesor–. Recuerda, ¡tienes que tomar el toro por los cuernos!

El profesor continúa:

–Jessica, dame el reporte.

Luego, el profesor les dice a los estudiantes:

–Guarden todo porque vamos a escuchar este reporte de Carlos Solís. Ustedes no saben, pero los dos hermanos de Carlos fueron mis estudiantes. Ahora, tengo el **honor de tener**[61] a Carlos como estudiante.

---

[60] Come on!

[61] I have the honor

El profesor mira a Carlos y le dice:

–Carlos, aunque no preparas la tarea, tú eres uno de mis estudiantes favoritos.

Jessica tiene una expresión de terror en la cara porque ella sabe que Carlos escribe comentarios muy malos sobre el profesor Martín. Ella sabe también que Carlos escribe una confesión en su reporte.

–Escuchen estudiantes –dice el profesor a la clase.

Él empieza a leer el reporte de Carlos:

«Quiero hablar de la clase de español», –dice el profesor, leyendo las primeras líneas del reporte de Carlos. El profesor está muy impresionado:

–Carlos, ¡me gusta la introducción! Tú escribes sobre la clase de español. ¡Qué emoción! –le dice el profesor Martín, **guiñándole el ojo**[62] a Carlos.

El profesor continúa leyendo el reporte a la clase:

---

[62] winking his eye at him

«Es la clase más aburrida de todas mis clases. El profesor es aburrido. Él habla, habla y habla. En la clase no hablamos de la literatura, solamente leemos y escribimos notas. El profesor Martín es el peor profesor de esta escuela».

El profesor mira a Carlos mientras lee el reporte. Él continúa:

«Pero, me gusta estar en la clase. No me gusta el profesor, pero es una de mis clases favoritas. Es mi clase favorita porque puedo ver a Jessica: mi futura esposa. Ella es muy especial. **Ella es mi media naranja.**[63] Me gustan sus ojos. Me gusta su pelo. Me gusta su perfume. Es bella e inteligente: **ella es el sol que ilumina mi día**».[64]

---

[63] soulmate

[64] the light that brightens my day

La clase está en silencio. El profesor está furioso por los comentarios malos de Carlos. Jessica está avergonzada. Carlos quiere escapar de la clase.

En ese momento, Rubén mira a Carlos y **le tira unos besos**[65] y le dice:

–Carlos…, «mi amor»

---

[65] blows kisses at him

Rubén se ríe un poco y le dice:
«Eres el sol que ilumina mi día».

Rubén dice «*Eres el sol que ilumina mi día*», porque Carlos escribe la frase en su reporte. Carlos está muy avergonzado.

Capítulo 6

La confesión

Después de leer el reporte de Carlos, el profesor está furioso.

El profesor anuncia la tarea a la clase:

–Tienen que leer la novela "La bella mentira" para la próxima clase.

La campana suena [66] y el profesor mira intensamente a Carlos y le dice:

–Quiero hablar con tus padres. Tu reporte es terrible.

Carlos está avergonzado. Él se va rápidamente a su próxima clase.

---

[66] the bell rings

Todos los estudiantes hablan después de la clase sobre el reporte de Carlos. Sofía y Jessica se van de la clase de español. Caminan a la clase de biología.

–**¡Vaya!**[67] Al profesor Martín no **le gustó**[68] el reporte de Carlos –dice Sofía.

–**¡Qué pena!**[69] –dice Jessica.

---

[67] yikes, wow

[68] did not like

[69] What a shame!

–Pues, Carlos está enamorado de ti

–dice Sofía.

Jessica **sonríe**[70] y le dice:

　–Las líneas son tan románticas «**ella es**

el sol que ilumina mi día» y «**ella es mi**

media naranja». Me gustan las líneas

---

[70] smiles

románticas. Él es muy romántico y
poético.

–¿Entonces? –le pregunta Sofía.
Ella espera una respuesta de Jessica.

–¡Yo también estoy enamorada de él! Él
es el chico que me gusta en la clase de
español.

–¿Qué? ¿No es Rubén? –pregunta Sofía
totalmente sorprendida.

–No, no me gusta Rubén. Él es muy
arrogante. Me gusta Carlos.

—Ah, amiga, ¡tienes tus secretos!—dice
Sofía.

—Sí, tengo muchos secretos. Quiero
escribirle un mensaje de texto, pero no
tengo su número.

–Tengo su número aquí, él está en el grupo de ciencias. Su número es: nueve, ocho, siete, nueve, siete, dos, tres.

–Gracias, le voy a escribir un mensaje de texto ahora mismo –dice Jessica.

Ella saca el móvil y le escribe un mensaje de texto a Carlos.

> Tengo una confesión: tú eres el chico de la clase de español. También me gustas.
> –Jessy

Más tarde

Carlos corre a la clase de matemáticas. Él está avergonzado. Está avergonzado porque ahora todos saben que tiene interés por Jessica. Él entra a la clase de matemáticas. En ese momento, Carlos recibe un mensaje de texto. Carlos intenta leer el mensaje, pero el profesor toma el móvil de Carlos. ¡Él nunca recibe el mensaje de Jessica!

Más tarde él ve a Jessica. La interacción es tensa porque Carlos no sabe que ella también tiene interés por él. Y, ¡ella no sabe que Carlos no **recibió el** mensaje! Como resultado, Carlos comete el error más grande de su vida…Y hay un gran escándalo en la clase de español. ¡Hay que leer la segunda parte para saber qué va a pasar entre Carlos y Jessica! ¡Es muy interesante!

¡Gracias por leer!
La aventura continúa…

Glosario

ahora- now

aprendemos- we learn

asiento -seat

así que- so

bella- beautiful

buscar- to look for

buen- good

camina-s/he walks; you walk

camiseta- shirt

campeón- champion

cansado (a)- tired

conocer- to know

contigo- with you

corre- s/he runs; you run

cuadernos- notebooks

cuando-when

car-to give

debajo -under

deben -they must; you all must

decir- to say

dibujamos- we draw

dibujar- to draw

dice -s/he says; you say

empieza- s/he starts; you start

empiezan- they start; you all start

enamorado (a)- in love

(le) encanta- to be pleasing; to love

enseña- s/he teaches; you teach

entonces -then

entre- between

eres -you are

es- s/he is; you are

escriban- write (pl)

escribir- to write

escuchan- they listen; you listen

escuchen-listen up (pl)

espera -s/he waits; you wait

esposa- wife

está-s/he is; you are

están- they are; you are

estar- to be

feliz- happy

guapo- good-looking

guarda- put away

guarden- put away (pl)

(le) **gusta**- to be pleasing to him/she; you

habla-s/he speaks; you speak

hablamos- we speak

Intercambian- they exchange

lápices- pencils

leer- to read

leí- I read (past tense)

leyendo- reading

libro-book

llega- s/he arrives; you arrive

lleva-s/he carries, wears; you carry, wear

lugar- place

madre-mother

mañana- tomorrow

martes -Tuesday

mejor -best, better

mientras- while

mira- s/he looks; you look

mirando- looking

nada- nothing

ni- neither

ojos- eyes

palabras-words

pasa- happens, happen

pelo- hair

pensando- thinking

piensas -you think

pienso -I think

pintar-to paint

pizarrón -board

pluma- pen

podemos-we can

porque - because

primero- first

puede- **s/he can; you can**

pueden -they can; you all can

puerta- door

quieren- they can; you want

quiero- I want

regresan- they return; you return

reloj- clock

ropa- clothing

rosado- pink

sabe- s/he knows; you know

saben- they know; you all know

saquen- take out (pl)

siempre -always

sobre- over; about

son- they are; you all are

sonrisa- smile

sorpresa- surprise

tampoco- neither

tanto- so mucho

tarea- homework

tema- theme; topic

Terminar- to finish

Tienen- they have; you all have

tienes- you have

toma-s/he takes; you take

toman- they take, **drink**; you all take, drink

trabajamos- we work

trabajan- they work; you all work

traer- to bring

va -s/he goes; you go

van- they go; you all go

vas- you go

ve- s/he sees; you see

ver- to se

vida- life

voy- I am going, I go

zapatos- shoes

sonríe- s/he smiles; you smile

Spanish Novels
For
Lower-Levels

Simple Language

Compelling storylines

LA CLASE DE CONFESIONES

Carlos is secretly in love with a girl in his Spanish class. However, when the teacher finds out about his classroom "crush," he tries to "play match-maker," and his efforts are disastrous. Carlos has to navigate awkward moments, a nosy teacher, and his own self-confidence to avoid making the ultimate confession... and he's not the only one!

Carlos leaves Spanish class utterly embarrassed, and his day goes downhill from there. From technical issues with his cellphone, to a sarcastic math teacher, he just doesn't get a break. Carlos is given one more chance to make things right...but, he messes that up too! Now, the advice of his friend could make or break his love life. Find out in part 2!

Feliz Cumpleaños

It's Esteban's birthday, but he can hardly get a break. First, his teacher forgets his birthday, and then Roberto, the bully is determined to destroy his special day. Esteban has to find the courage to stand up for himself, on this birthday!

Spanish Novels For Upper-Levels

Comprehensible Language

Compelling storylines

Camilo, one of the sweetest boys in Buena Vista, is wearing a mask. His girlfriend discovers his double life; but, he isn't the only one with compromising secrets. His house harbors a bigger secret that has haunted the town for years. "Las apariencias engañan" reveals the timeless truths that: things are never what they seem.

We've all heard the old adage, "If you play with fire, you will get burned." But some teens like to test the flames... Camila is one of them. As his mask slowly starts to crack, his grip on reality is slipping away, and the door to his "closet" slowly opens, revealing fragments of his secret life and that of his family's. "El Armario" affirms that no one is perfect and we all have skeletons in the closet... But some bones are bigger than others.

Can an obsession with technology, turn deadly? Well, these techy teens are about to find out. Federico and his friends have an insatiable desire to "capture" and "record" every memorable moment. However, not all memories are created equal, and these boys are about to discover this harsh reality. Find out in "El Escape".

Made in the USA
Columbia, SC
02 March 2022

56883333R00037